Re:ゼロから始める異世界生活

Animation Illust Works
-Re:START-

CONTENTs

03 Chapter 1   Illustration

81 Chapter 2   Extra

    82   小林裕介（ナツキ・スバル）コメント

    83   高橋李依（エミリア）コメント

    84   HISTORY of Re:Zero

Chapter 1
Illustration

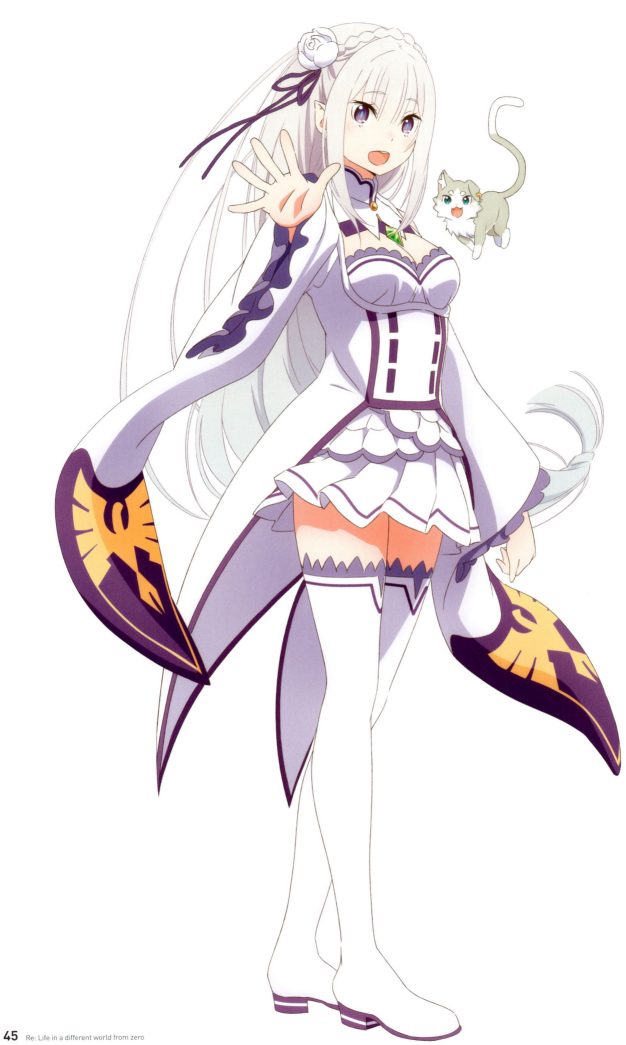

Index

クレジットの見方
1. 初出
2. 原画
3. 仕上げ
4. 美術
5. 2D
6. 3D
7. 特殊効果
8. 撮影

P6

1. キービジュアル2
2. 坂井久太
3. 品地奈々絵
4. 高峯義人（美峰）
5. ―
6. ―
7. ―
8. 峰岸健太郎（T2studio）

P5

1. キービジュアル1
2. 坂井久太
3. 坂本いづみ
4. 高峯義人（美峰）
5. ―
6. ―
7. 川西美保（T2studio）
8. 峰岸健太郎（T2studio）

P4

1. ティザービジュアル
2. 坂井久太
3. 坂本いづみ
4. 高峯義人（美峰）
5. ―
6. ―
7. 川西美保（T2studio）
8. ―

P10

1. OVAキービジュアル2
2. 坂井久太
3. 坂本いづみ
4. 高峯義人（美峰）
5. ―
6. ―
7. 川西美保（T2studio）
8. 峰岸健太郎（T2studio）

P8-9

1. OVAキービジュアル1
2. 坂井久太
3. 坂本いづみ／滝沢いづみ／安部なぎさ／中田布美子
4. 高峯義人（美峰）
5. ―
6. ―
7. 川西美保（T3studio）
8. 峰岸健太郎（T3studio）

P7

1. OVAキービジュアル1
2. 坂井久太
3. 坂本いづみ／滝沢いづみ／安部なぎさ／中田布美子
4. 高峯義人（美峰）
5. ―
6. ―
7. 川西美保（T2studio）
8. 峰岸健太郎（T2studio）

P13

1. 月刊コミックアライブ 2017年1月号
2. 坂井久太
3. サイトウチヅエ（Wish）
4. 高峯義人（美峰）
5. ―
6. ―
7. 川西美保（T2studio）
8. 峰岸健太郎（T2studio）

P12

1. 月刊コミックアライブ 2016年12月号
2. 坂井久太
3. サイトウチヅエ（Wish）
4. 高峯義人（美峰）
5. ―
6. ―
7. 川西美保（T2studio）
8. ―

P11

1. 月刊コミックアライブ 2016年5月号
2. 坂井久太
3. 品地奈々絵
4. ―
5. ―
6. ―
7. 川西美保（T2studio）
8. ―

P16

1 月刊コミックアライブ
  2017年11月号
2 坂井久太
3 坂本いづみ
4 —
5 —
6 —
7 川西美保（T2studio）
8 —

P15

1 月刊コミックアライブ
  2017年5月号
2 坂井久太
3 坂本いづみ
4 —
5 —
6 —
7 川西美保（T2studio）
8 —

P14

1 月刊コミックアライブ
  2017年2月号
2 坂井久太
3 熊田真子（Wish）
4 高峯義人（美峰）
5 —
6 —
7 川西美保（T2studio）
8 峰岸健太郎（T2studio）

P20

1 月刊ニュータイプ
  2016年8月号
2 木宮亮介
3 藤原優実（Wish）
4 —
5 —
6 —
7 川西美保（T2studio）
8 峰岸健太郎（T2studio）

P18-19

1 月刊ニュータイプ
  2016年7月号
2 田中一真
3 熊田真子（Wish）
4 高峯義人（美峰）
5 —
6 —
7 川西美保（T2studio）
8 峰岸健太郎（T2studio）

P17

1 月刊コミックアライブ
  2018年5月号
2 坂井久太
3 坂本いづみ
4 —
5 —
6 —
7 川西美保（T2studio）
8 —

P24

1 月刊ニュータイプ
  2018年4月号
2 坂井久太
3 熊田真子（Wish）
4 高峯義人（美峰）
5 —
6 —
7 川西美保（T2studio）
8 —

P22-23

1 月刊ニュータイプ
  2016年10月号
2 木宮亮介
3 熊田真子（Wish）
4 高峯義人（美峰）
5 —
6 —
7 川西美保（T2studio）
8 峰岸健太郎（T2studio）

P21

1 月刊ニュータイプ
  2016年9月号
2 木宮亮介
3 サイトウチヅエ（Wish）
4 —
5 —
6 —
7 川西美保（T2studio）
8 —

P28

1 娘TYPE 2016年11月号
2 蛯名秀和
3 袴田純子（Wish）
4 高峯義人（美峰）
5 —
6 —
7 川西美保（T2studio）
8 峰岸健太郎（T2studio）

P26-27

1 娘TYPE 2016年7月号
2 デジタルノイズ
3 菊月 蓮（デジタルノイズ）
4 高峯義人（美峰）
5 —
6 —
7 コレサワシゲユキ
  （デジタルノイズ）

P25

1 娘TYPE 2016年6月号
2 渡邉八恵子
3 妻鹿真琴（Wish）
4 高峯義人（美峰）
5 —
6 —
7 川西美保（T2studio）
8 —

Index

P32-33

1 メガミマガジン
2016年7月号
2 デジタルノイズ
3 新井しおり(デジタルノイズ)
4 高峯義人(美峰)
5 —
6 —
7 コレサワシゲユキ
(デジタルノイズ)
8 峰岸健太郎(T2studio)

P30-31

1 メガミマガジン
2016年6月号
2 木宮亮介
3 袴田純子(Wish)
4 高峯義人(美峰)
5 —
6 —
7 川西美保(T2studio)
8 —

P29

1 メガミマガジン
2016年5月号
2 田中一真
3 熊田真子(Wish)
4 —
5 —
6 —
7 川西美保(T2studio)
8 —

P36

1 メガミマガジン
コミックマーケット93 販促用
2 坂井久太
3 田中千春
4 —
5 —
6 —
7 川西美保(T2studio)
8 —

P35

1 メガミマガジン
2016年11月号
2 岩田景子
3 熊田真子(Wish)
4 —
5 —
6 —
7 川西美保(T2studio)
8 峰岸健太郎(T2studio)

P34

1 メガミマガジン
2016年10月号
2 渡邉八恵子
3 笹 愛美(Wish)
4 高峯義人(美峰)
5 —
6 —
7 川西美保(T2studio)
8 —

P40-41

1 きゃらびぃ
2 坂井久太
3 坂本いづみ
4 高峯義人(美峰)
5 —
6 —
7 川西美保(T2studio)
8 峰岸健太郎(T2studio)

P38-39

1 電撃G's magazine
2016年5月号
2 田中一真
3 熊田真子(Wish)
4 高峯義人(美峰)
5 —
6 —
7 川西美保(T2studio)
8 峰岸健太郎(T2studio)

P37

1 アニメディア
2016年10月号
2 豆塚あす香
3 袴田純子(Wish)
4 高峯義人(美峰)
5 —
6 —
7 川西美保(T2studio)
8 —

P44

1 AnimeJapan 2016
メーカー横断アニメガイド
2 坂井久太
3 田中千春
4 高峯義人(美峰)
5 —
6 —
7 —
8 峰岸健太郎(T2studio)

P43

1 コミックマーケット92
販促用
2 坂井久太
3 坂本いづみ
4 —
5 —
6 —
7 川西美保(T2studio)

P42

1 コミックマーケット91
販促用
2 坂井久太
3 サイトウチヅエ(Wish)
4 —
5 —
6 —
7 川西美保(T2studio)
8 —

P47

1. エミリア 抱き枕カバー（表）
   ホビーストック
2. 田中一真
3. 野口幸恵
4. —
5. —
6. —
7. 川西美保（T2studio）
8. —

P46

1. 2016年エイプリルフール
2. 渡邉八恵子
3. 大谷道代（Wish）
4. 高峯義人（美峰）
5. —
6. —
7. 川西美保（T2studio）
8. —

P45

1. AnimeJapan 2018 チケットホルダー
2. 坂井久太
3. 滝沢いづみ
4. —
5. —
6. —
7. 川西美保（T2studio）
8. —

P48

1. エミリア 抱き枕カバー（裏）
   KADOKAWA
2. 坂井久太
3. 品地奈々絵
4. —
5. —
6. —
7. 川西美保（T2studio）
8. —

P48

1. エミリア 抱き枕カバー（表）
   KADOKAWA
2. 坂井久太
3. 小宮ひかり
4. —
5. —
6. —
7. 川西美保（T2studio）
8. —

P47

1. エミリア 抱き枕カバー（裏）
   ホビーストック
2. 田中一真
3. 山本未有
4. —
5. —
6. —
7. 川西美保（T2studio）
8. —

P50

1. レム 抱き枕カバー（表）
   KADOKAWA
2. 世良コータ
3. 野口幸恵
4. —
5. —
6. —
7. 川西美保（T2studio）
8. —

P49

1. エミリア 抱き枕カバー（裏）
   あにしゅが
2. 坂井久太
3. 田中千春
4. —
5. —
6. —
7. 川西美保（T2studio）
8. —

P49

1. エミリア 抱き枕カバー（表）
   あにしゅが
2. 坂井久太
3. 品地奈々絵
4. —
5. —
6. —
7. 川西美保（T2studio）
8. —

P51

1. レム 抱き枕カバー（裏）
   カナリア
2. 坂井久太
3. 千葉絵美
4. —
5. 灯夢（デジタルノイズ）
6. 軽部 優（T2studio）
7. 川西美保（T2studio）
8. —

P51

1. レム 抱き枕カバー（表）
   カナリア
2. 坂井久太
3. 千葉絵美
4. —
5. 灯夢（デジタルノイズ）
6. —
7. 川西美保（T2studio）
8. —

P50

1. レム 抱き枕カバー（裏）
   KADOKAWA
2. 世良コータ
3. 小宮ひかり
4. —
5. —
6. —
7. 川西美保（T2studio）
8. —

Index

P53

1 ラム 抱き枕カバー（表）
　カーテン魂
2 坂井久太
3 油谷ゆみ
　（手塚プロダクション）
4 —
5 —
6 —
7 川西美保（T2studio）
8 —

P52

1 レム 抱き枕カバー（裏）
　ティー・ゾーン
2 坂井久太
3 坂本いづみ
4 —
5 —
6 —
7 川西美保（T2studio）
8 —

P52

1 レム 抱き枕カバー（表）
　ティー・ゾーン
2 坂井久太
3 品地奈々絵
4 —
5 —
6 —
7 川西美保（T2studio）
8 —

P54

1 ラム 抱き枕カバー（裏）
　KADOKAWA
2 坂井久太
3 坂本いづみ
4 —
5 —
6 —
7 川西美保（T2studio）
8 —

P54

1 ラム 抱き枕カバー（表）
　KADOKAWA
2 坂井久太
3 滝沢いづみ
4 —
5 —
6 —
7 川西美保（T2studio）
8 —

P53

1 ラム 抱き枕カバー（裏）
　カーテン魂
2 坂井久太
3 坂本いづみ
4 —
5 —
6 —
7 川西美保（T2studio）
8 —

P57

1 レム&ラム タペストリー
　ホビーストック
2 渡邉八恵子
3 山本未有
4 高峯義人（美峰）
5 —
6 —
7 川西美保（T2studio）
8 峰岸健太郎（T2studio）

P56

1 レム シーツ ブロッコリー
2 坂井久太
3 小宮ひかり
4 —
5 —
6 —
7 川西美保（T2studio）
8 —

P55

1 エミリア シーツ カーテン魂
2 坂井久太
3 千葉絵美
4 —
5 —
6 —
7 川西美保（T2studio）
8 —

P59

1 ヴァイスシュヴァルツ
　レム（ブシロード）
2 坂井久太
3 曽我早紀子
4 —
5 —
6 —
7 川西美保（T2studio）
8 —

P58

1 ヴァイスシュヴァルツ
　ベアトリス（ブシロード）
2 坂井久太
3 品地奈々絵
4 —
5 —
6 —
7 川西美保（T2studio）
8 —

P58

1 ヴァイスシュヴァルツ
　エミリア（ブシロード）
2 坂井久太
3 小宮ひかり
4 —
5 —
6 —
7 川西美保（T2studio）
8 —

P61

1. Re:ゼロから始める夏祭り 生活inドン・キホーテ
2. 坂井久太
3. 滝沢いづみ
4. 高峯義人(美峰)
5. ―
6. ―
7. 川西美保(T2studio)
8. 峰岸健太郎(T2studio)

P60

1. Re:ゼロから始める 常夏生活 in 渋谷マルイ
2. 坂井久太
3. 品地奈々絵
4. ―
5. ―
6. ―
7. 川西美保(T2studio)
8. ―

P59

1. ヴァイスシュヴァルツ ラム(ブシロード)
2. 坂井久太
3. 田中千春
4. ―
5. ―
6. ―
7. 川西美保(T2studio)
8. ―

P64

1. Re:ゼロから始める ラムとレムの誕生日生活2018
2. 坂井久太
3. サイトウチヅエ(Wish)
4. ―
5. ―
6. ―
7. 川西美保(T2studio)
8. ―

P63

1. Re:ゼロから始める エミリアの誕生日生活2018 in 渋谷マルイ
2. 坂井久太
3. 滝澤いづみ
4. 高峯義人(美峰)
5. ―
6. ―
7. 川西美保(T2studio)
8. ―

P62

1. Re:ゼロから始める エミリアの誕生日生活2017 in 渋谷マルイ
2. 坂井久太
3. 千葉絵美
4. ―
5. ―
6. ―
7. 川西美保(T2studio)
8. ―

P67

1. 浮世絵木版画『冨嶽異世界少女百景 恋夢』
2. 坂井久太
3. 坂本いづみ
4. ―
5. 灯夢(デジタルノイズ)
6. 小高みちる(デジタルノイズ)
7. 川西美保(T2studio)
8. ―

P66

1. Re:ゼロから始める レムの誕生日生活2017 in 渋谷マルイ
2. 坂井久太
3. 谷本千絵
4. ―
5. ―
6. ―
7. 川西美保(T2studio)
8. 峰岸健太郎(T2studio)

P65

1. レムの日 Re:ゼロから始める異世界生活 B2タペストリー ハッピーバースデー!
2. 坂井久太
3. 谷本千絵
4. ―
5. 灯夢(デジタルノイズ)
6. ―
7. 川西美保(T2studio)
8. 本間綾子(T2studio)

P69

1. エミリア 立て看板
2. 坂井久太
3. 谷本千絵
4. ―
5. ―
6. ―
7. 川西美保(T2studio)
8. ―

P69

1. スバル 立て看板
2. 坂井久太
3. 田中千春
4. ―
5. ―
6. ―
7. 川西美保(T2studio)
8. ―

P68

1. Re:ゼロから始める異世界生活 ヒロイン達のティーパーティー
2. 坂井久太
3. 曽我早紀子
4. ―
5. ―
6. ―
7. 川西美保(T2studio)
8. ―

Index

P72-73

1 デフォルメイラスト
2 坂井久太
3 坂本いづみ
4 —
5 —
6 —
7 —
8 —

P71

1 デフォルメイラスト（王選編）
2 作画 たけはらみのる
3 —
4 —
5 —
6 —
7 —
8 —

P70

1 デフォルメイラスト
2 作画 たけはらみのる
3 —
4 —
5 —
6 —
7 —
8 —

カバーイラスト

1 カバーイラスト
2 坂井久太
3 滝沢いづみ
4 —
5 —
6 —
7 川西美保（T2studio）
8 —

Chapter 2
Extra

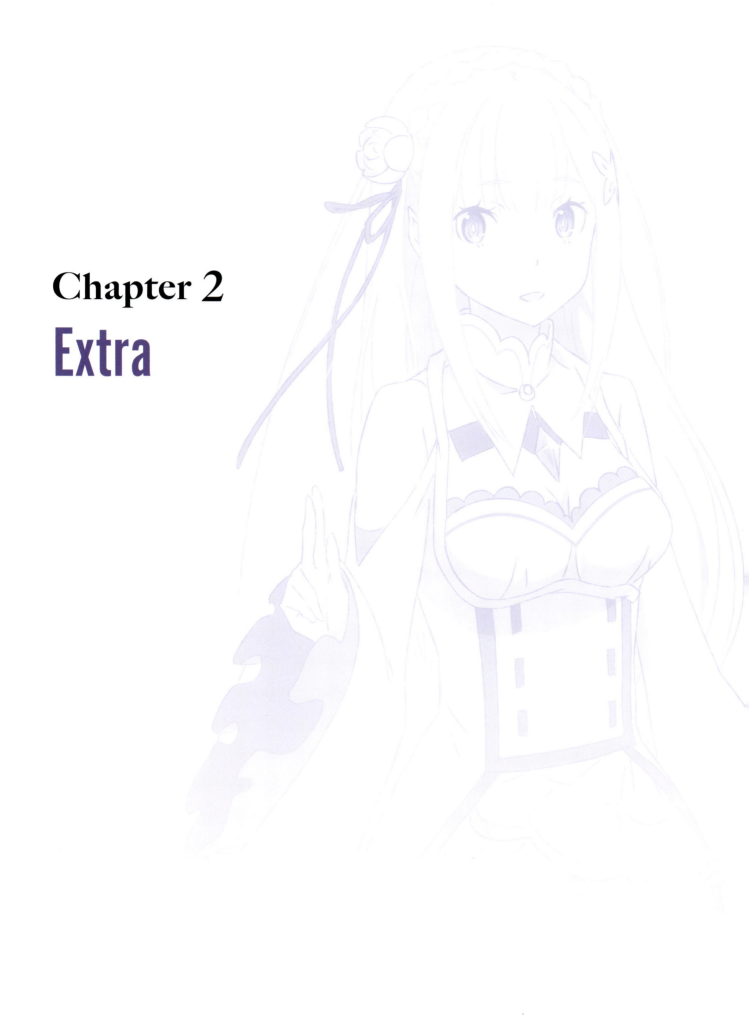

CAST COMMENT 1

ナツキ・スバル役 **小林裕介**

Q1 TVアニメ第2期決定の第一報を聞いた時のお気持ちはいかがでしたか?

必ず2期はやると信じて疑っていませんでしたが、それでもいざ伝えられたら脳が……いえ!身体が震えました! 明日から収録が始まってもいいくらい、心も体も臨戦態勢になっております!

Q2 TVアニメ第2期への意気込みをお聞かせください。

Memory Snowで幸せパワーは充填できました。これを糧に1期を上回る熱量で彼の生き様、そして死に様を演じ切ってみせます!

Q3 TVアニメ第1期、OVAの劇場上映と続いてきた中で、印象的だった現場のエピソードをお聞かせください。

日に日に病んでいく僕をみんなが介抱してくれたことばかり思い出します(笑)。なかなか人を頼れない僕ですがリゼロメンバーにはなぜか甘えてしまいます。なので2期でもメンタル面はみんなにおんぶに抱っこで支えてもらいたいと思います。

Q4 自分と似ていると感じるリゼロのキャラクターは誰ですか?

意外とレムに似てる気が! 結構人に尽くすタイプですし、家事もそつなくこなせますし。普段怒らないですが、怒った時は鬼のように怖いと人から言われたことがあります(笑)。

Q5 リゼロのファンの皆様へ一言お願いします。

本当に本当におまたせしました! 皆さまの応援があったからこそオンエアが終わった後もたくさんの展開が続いて、そしていよいよ2期に辿り着きました。絶対に期待を裏切らないものにしますので楽しみにしていてください!

CAST COMMENT 2

エミリア役 **高橋李依**

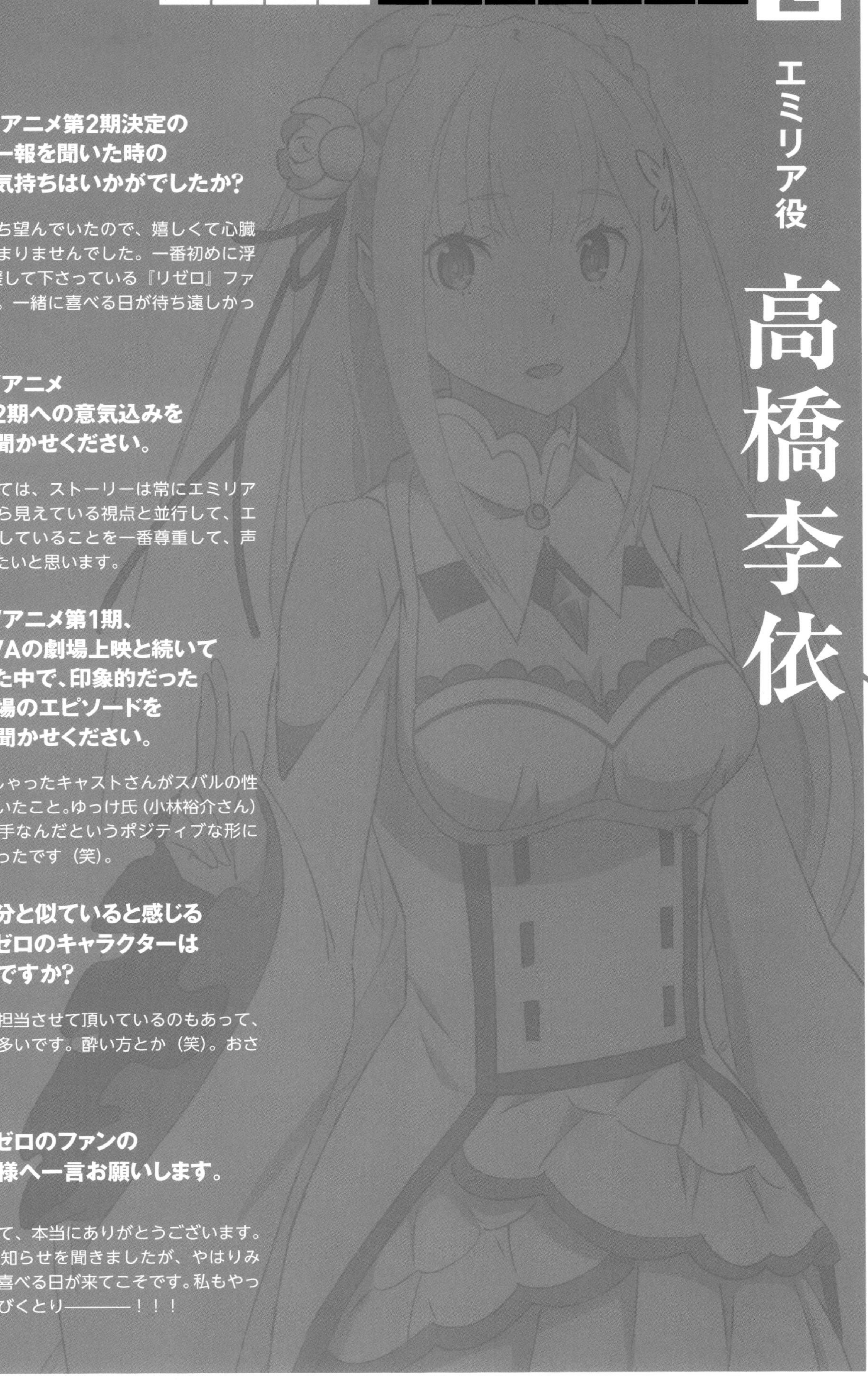

Q1 TVアニメ第2期決定の第一報を聞いた時のお気持ちはいかがでしたか?

ずっとずっと待ち望んでいたので、嬉しくて心臓のドキドキが止まりませんでした。一番初めに浮かんだのは、応援して下さっている『リゼロ』ファンの皆さんの顔。一緒に喜べる日が待ち遠しかったです。

Q2 TVアニメ第2期への意気込みをお聞かせください。

演じる私にとっては、ストーリーは常にエミリア目線。スバルから見えている視点と並行して、エミリアが大切にしていることを一番尊重して、声からもお届けしたいと思います。

Q3 TVアニメ第1期、OVAの劇場上映と続いてきた中で、印象的だった現場のエピソードをお聞かせください。

3章からいらっしゃったキャストさんがスバルの性格にザワついていたこと。ゆっけ氏(小林裕介さん)のウザ芝居が上手なんだというポジティブな形に落ち着いて良かったです(笑)。

Q4 自分と似ていると感じるリゼロのキャラクターは誰ですか?

エミリアの事は担当させて頂いているのもあって、共感することが多いです。酔い方とか(笑)。おさけ、おいしー!

Q5 リゼロのファンの皆様へ一言お願いします。

待っていてくれて、本当にありがとうございます。一足先にこのお知らせを聞きましたが、やはりみなさんと一緒に喜べる日が来てこそです。私もやっと喜べます! びくとり―――!!!

HiSTORY of Re:Zero

これまで多くの書籍やメディアミックスを展開してきた『Re：ゼロから始める異世界生活』。このページからは『リゼロ』の軌跡を年表で追っていく。

TOPICs
2014年1月にMF文庫Jより発売となった『リゼロ』第1巻には書き下ろし短編が店舗別特典として配布された。以降も新刊には書き下ろし短編が、店舗特典として配布されている。

『Re：ゼロから始める異世界生活 第一章 王都の一日編』2 発売

『Re：ゼロから始める異世界生活』5 発売

『Re：ゼロから始める異世界生活 第一章 王都の一日編』1 発売

『Re：ゼロから始める異世界生活』3 発売

『Re：ゼロから始める異世界生活』1 発売

| 2015年3月23日 | 2014年12月25日 | 2014年10月24日 | 2014年10月23日 | 2014年6月25日 | 2014年3月25日 | 2014年2月25日 | 2014年1月24日 | 2013年11月25日 | 2012年4月20日 |

書籍化発表

『Re：ゼロから始める異世界生活』web公開開始

『Re：ゼロから始める異世界生活』短編集1 発売

『Re：ゼロから始める異世界生活』4 発売

TOPICs
MF文庫J『リゼロ』1〜3巻は、2014年1月から3月まで3ヶ月連続で刊行され、ファンの間で話題となった。

『Re：ゼロから始める異世界生活 第二章 屋敷の一週間編』1 発売

『Re：ゼロから始める異世界生活』2 発売

TOPICs
2014年10月にはコミカライズ版の第1巻が、12月には短編集が発売された。翌年にはラバーストラップ付特装版の新刊が発売されるなど、メディアミックスは勢いを増していく。

84

TOPICs

いよいよアニメ化が発表される。元々、人気を伸ばしていた本シリーズが、より多くの人に知られることになり『リゼロ』の人気もますますヒートアップしていく。

『Re:ゼロから始める異世界生活 第二章 屋敷の一週間編』3 発売

『Re:ゼロから始める異世界生活 第二章 屋敷の一週間編』2 発売

『Re:ゼロから始める異世界生活』短編集2 発売

『Re:ゼロから始める異世界生活 第三章 Truth of Zero』2 発売

『Re:ゼロから始める異世界生活 第三章 Truth of Zero』1 発売

MF文庫J 夏の学園祭2015のステージにてテレビアニメ化が発表

『Re:ゼロから始める異世界生活Ex 獅子王の見た夢』 発売

| 2016年6月24日 | 2016年6月23日 | 2016年6月22日 | 2016年4月3日 | 2016年3月25日 | 2016年3月23日 | 2015年12月25日 | 2015年12月22日 | 2015年9月25日 | 2015年7月19日 | 2015年6月25日 | 2015年3月25日 |

『Re:ゼロから始める異世界生活』公式アンソロジーコミック1 発売

テレビアニメ『Re:ゼロから始める異世界生活』テレビ東京他にて放送開始

特番『Re:ゼロから始める異世界体験』放送

『Re:ゼロから始める異世界生活』8 発売

『Re:ゼロから始める異世界生活Ex2 剣鬼恋歌』 発売

『Re:ゼロから始める異世界生活』7 発売

『Re:ゼロから始める異世界生活』6 発売

TOPICs

2016年4月にファン待望のTVアニメ第1話が放送されたが、初回はなんと1時間スペシャルとなっていた。

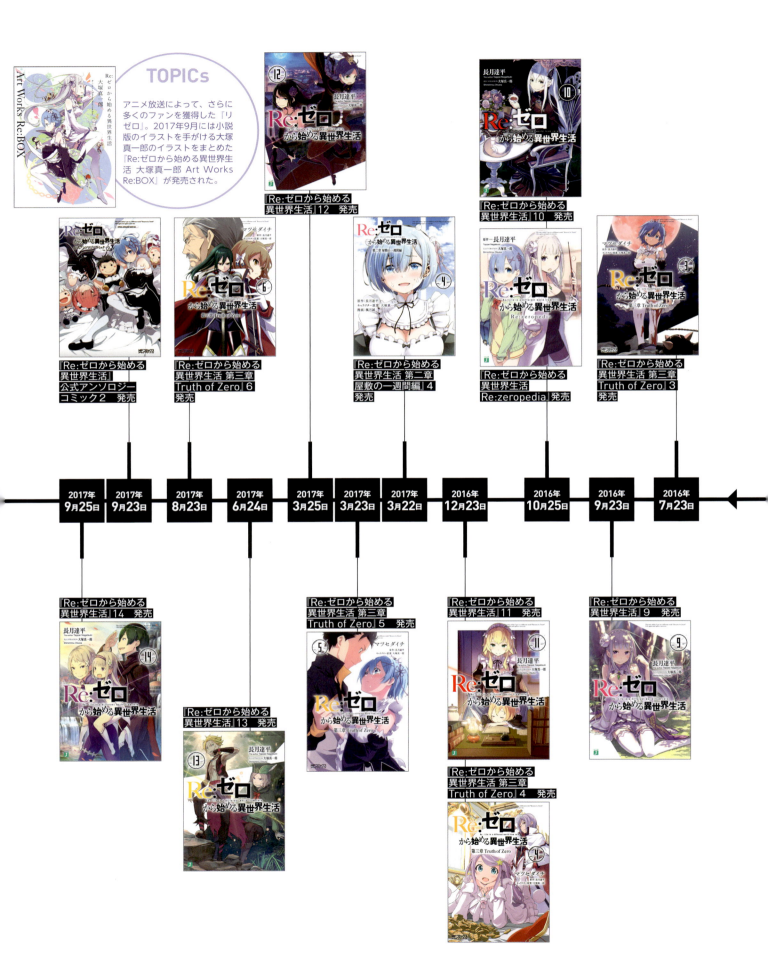

HISTORY of Re:Zero

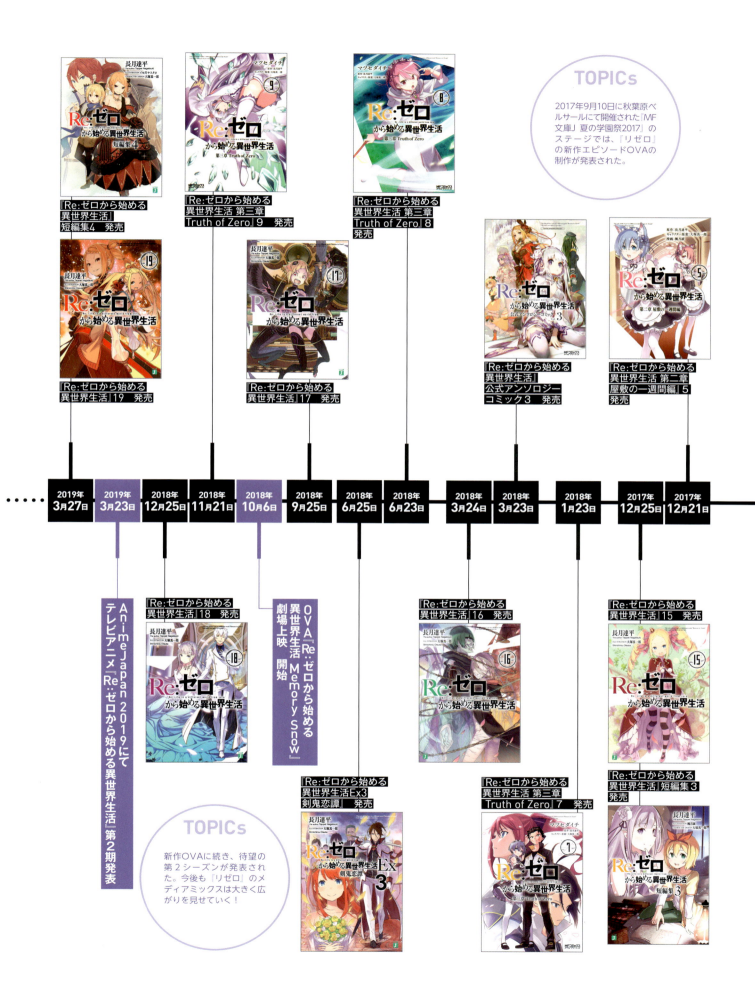

Re:ゼロから始める異世界生活
Animation Illust Works
-Re:START-

2019年4月1日　初版第一刷発行
2023年4月25日　　第二刷発行

発行者　山下直久

発行　株式会社KADOKAWA
〒102-8177　東京都千代田区富士見2-13-3
電話　0570-002-301（ナビダイヤル）

編集企画
MF文庫J編集部

印刷・製本
株式会社広済堂ネクスト

編集協力
株式会社クリエンタ

協力
Re:ゼロから始める異世界生活製作委員会

装丁
村松亨修（有限会社フリーウェイ）

デザイン
有限会社フリーウェイ

ISBN 978-4-04-065664-9 C0076

©長月達平・株式会社KADOKAWA刊／Re:ゼロから始める異世界生活製作委員会
Printed in Japan
https://www.kadokawa.co.jp/

◎本書の無断複製（コピー、スキャン、デジタル化等）並びに
無断複製物の譲渡および配信は、著作権法上での例外を除き禁じられています。
また、本書を代行業者などの第三者に依頼して複製する行為は、
たとえ個人や家庭内での利用であっても一切認められておりません。
◎定価はカバーに表示してあります。
●お問い合わせ
https://www.kadokawa.co.jp/
（「お問い合わせ」へお進みください）
※内容によっては、お答えできない場合があります。
※サポートは日本国内のみとさせていただきます。
※Japanese text only